PENSAM
POSI~~TIVO~~

Maneras Poderosas De Pensar Y Hablar Tu
Camino Hacia El Éxito

(Las 5 Mejores Cosas del Pensamiento Positivo,
Felicidad, y Psicología de la Vida)

Fito Roque

Publicado Por Daniel Heath

© **Fito Roque**

Pensamiento Positivo: Maneras Poderosas De Pensar Y Hablar Tu Camino Hacia El Éxito (Las 5 Mejores Cosas del Pensamiento Positivo, Felicidad, y Psicología de la Vida)

ISBN 978-1-989808-68-9

Este documento está orientado a proporcionar información exacta y confiable con respecto al tema y asunto que trata. La publicación se vende con la idea de que el editor no esté obligado a prestar contabilidad, permitida oficialmente, u otros servicios cualificados. Si se necesita asesoramiento, legal o profesional, debería solicitar a una persona con experiencia en la profesión.

Desde una Declaración de Principios aceptada y aprobada tanto por un comité de la American Bar Association (el Colegio de Abogados de Estados Unidos) como por un comité de editores y asociaciones.

TABLA DE CONTENIDO

Parte 1

Introducción

El pensamiento positivo tuvo una mala racha en años pasados.

Desde entonces ha sido reemplazado por la vitalidad de la inteligencia emocional, los avances de la Programación Neurolingüística, e inclusive inventos hechos por el pensamiento metafísico avanzado. Y ese es solo la punta del Iceberg de información que se opone al pensamiento positivo.

Este eBook va a regresar la importancia del pensamiento positivo exponiendo sus raíces, las raíces olvidadas.

Esta fresca perspectiva no es fácilmente aparente ante los ojos de todos.

Pero como verás, merece ser señalada y aún más importante, que se ponga en práctica.

Antes de adentrarnos en esto, una

preocupación debe ser disipada.

¿Esto será un recortado conteo de décadas de conocimiento?

Quizás.

Lo que sigue es una descripción de un proceso interno que cada uno de nosotros posee. Este proceso aún no ha sido etiquetado... o quizás sí, pero con otro nombre.

En una era donde todo es sobre ser humano ha sido separado en partes medibles, categóricas y referenciadas, este eBook será más un mapa oral de orientación mental.

Los mapas mentales no son algo nuevo.

El contenido aquí será útil. Y seguirá una trayectoria que muchos libros no se atreven por una razón u otra.

Para algunos de ustedes, esta información

será fresca y excitante. Para otros podría ser práctica. Cualquiera que sea el beneficio que se busca, esto fue escrito por una razón... ayudar extraer más de la simplificación del pensamiento positivo.

Entonces empecemos.

Tú, querido lector, ¡vas a amar lo que viene a continuación!

Capítulo Uno - Toma esto, Por Ejemplo

Para empezar esta pequeña aventura, en una o dos palabras, por favor escribe una destreza o habilidad en la que sobresalgas. Para ayudarte, he agregado una frase con un espacio en blanco aquí abajo para que lo completes.

Aquí esta:

Yo sé cómo _____

Ahora, identifícalo como una destreza, talento o habilidad.

Escríbelo.

Para ser más claro, un ejemplo podría ser: Yo sé cómo amarrar las agujetas. Adicionalmente, esto podría llamarse como destreza de dedos o destreza de agilidad.

Eso fue fácil.

Te agradezco por haberlo hecho si lo hiciste. Es importante para el entendimiento del pensamiento positivo.

Me he dado cuenta de que aún no es obvio, pero lo será.

Lo que sigue podría sorprenderte o ser un buen recordatorio.

Cualquiera que sea el resultado, el contenido aquí no sufrirá en lo más mínimo de ser leído.

Así que continuemos con lo que ya empezamos.

Entonces, lo que sabes hacer ya ha sido identificado en papel.

Ahora, veamos lo que has escrito.

Esto es una tarea, una destreza, habilidad, ¿o talento?

Por favor velo otra ve y dale una descripción. Agrégale algo. Continua.

Si has parado, está bien.

Ahora lo que has hecho es lo que todos los humanos pueden hacer. Y eso es identificar una sola cosa en la que eres muy bueno y etiquetarla.

Ahora que el acto de referenciado está completado, profundicemos.

Pero antes de que sigamos adelante, te invito a pausar un momento para considerar porque escribiste lo que escribiste. Si no puedes pensar en nada, está bien. Regresaremos a esto más adelante en este eBook.

Consideremos un ejemplo de hacia dónde va todo esto y cómo se relaciona al pensamiento positivo. Después, regresaremos a la lista de tus notas y relacionaremos para que todo tenga sentido.

Capítulo Dos - ¿Atando Agujetas?

(Advertencia - esta sección es redundante en el propósito. Por favor léase cuidadosamente)

Tomemos el enunciado "Soy bueno en atar agujetas," de la sección anterior.

Esta será la base para explicar el pensamiento positivo en los próximos dos capítulos.

Si, esto es un poco raro, pero verás cómo se aclara todo muy pronto.

Por favor continúa leyendo.

(Por favor nota: Es mal entendido que las agujetas han sido reemplazadas por zapatos de desliz y tenis basados en Velcro)

Sin embargo, estamos resaltando una particular destreza que se tiene que aprender de niño.

Aquellos que saben sobre amarrar agujetas recordarán que cuando las dos cuerdas estaban desatadas en los zapatos, entorpecía.

Desde la perspectiva de un niño no parece que al zapato le importe o pudiera sufrir si nada se le hace a esas cuerdas.

Pero, un padre o un modelo parental nos enseñó diferente. Hay una razón por la cual se debe aprender a amarrar esas dos cuerdas en cada zapato.

Era sobre que los zapatos se quedaran puestos mientras se caminaba, corría, brincoteaba, escalaba o se brincaba. De hecho, cualquiera que tuviera los zapatos sin atar pudo haber intentado actividades y descubrió que los zapatos no se quedaban puestos con las agujetas desamarradas.

Amarrarlas tomó una particular

importancia y función.

¿Qué tiene que ver esto con el pensamiento positivo?

Todavía nada, pero nos estamos acercando.

Revisemos que las cuerdas desamarradas llevaban descontinuar la actividad. Mencioné que esto sería redundante, pero la razón es permanecer enfocado.

En aras de este ejemplo, diremos que tú eres esta persona con las agujetas desamarradas de los zapatos y el intenso movimiento físico significó que tus zapatos se salieran.

Entonces digamos que eres experimentado en atar agujetas.
Un simple cruce de cuerdas, hacia abajo, una vuelta y atrás se convirtió en la práctica, hasta que se mantuvo.

Una vez fijo, el zapato se mantuvo puesto.

Y tú hiciste lo mismo con el otro zapato.

Nada más se tuvo que hacer.

Pudiste haber batallado al encontrar una técnica efectiva de amarre que funcionara mejor que otra.

Pero encontraste el triunfo con esta experimentación que hiciste, sin importar cómo te sentiste y lo descifraste. Al final, los zapatos se quedaron puestos.

Pronto, estabas bien entrenado atando cuerdas en múltiples maneras por diferentes razones, expandiendo tu base de conocimiento.

Antes de que te dieras cuenta, cualquier par de zapatos con agujetas que te pusieras estaban asegurados unos momentos después de haberlos puesto.

¿Porqué?

Porque el simple pensar haber descifrado

como amarrar esas cuerdas te empujó a seguir sin importar las historias de ataduras fallidas, el número de reintentos, experimentar diferentes métodos de atar, etc. Eventualmente aprendiste más de una manera de combinar esas agujetas para que se sujetaran al máximo y te beneficiaste de la constante práctica.

¿Ahora que tiene que ver esto con el pensamiento positivo?

Pues, mira a tus resultados por un momento.

Tus zapatos están puestos. Estos permanecen ahí hasta que te los quitas. Entre esas dos actividades, te empoderaste a ti mismo con nueva seguridad para moverte a caminar, correr, brincotear y más.

Pensar en todo esto y hacer algo al respecto te trajo hasta este punto.

Más pertinente a nuestra discusión, el

pensamiento positivo te trajo hasta este punto, sin importar la dificultad para masterizar el atar dos agujetas a cada zapato.

¿Cómo?

Enserio, piénsalo por un momento.

No importa qué edad tenías cuando lo hiciste. Simplemente lo hiciste.

¿Se ha desmoronado mi argumento?¿Te sentiste frustrado, enojado, inseguro o incluso intimidado a renunciar cuando intentaste atar esas malditas agujetas?

¿Dónde está el pensamiento positivo en ese proceso?
Bueno, lo seguiste intentando.

Cuando continuaste, tu mente te hizo masterizar esta actividad de atarte las agujetas de los zapatos. Y cuando lo lograste, se tornó natural. No solo se hizo natural, expandiste tus habilidades de atar esas agujetas. Te pusiste creativo. Jugaste con las posibilidades.

Ahora atarte los zapatos puedes considerarlo divertido.

Una vez más, revisemos porqué es así.

Tu mente lo pensó, antes que tú.

El pensamiento de fracaso es la única razón que haría atar las agujetas imposible. ¿O qué tal no pensar en el atarse los zapatos del todo?

Sí el pensamiento de hacerlo no estuviera ahí, la habilidad o destreza de atar agujetas no hubiera llegado tan lejos.

¿Correcto?

Sí has continuado hasta aquí, sabes que esto sería correcto.

Sí atarse las agujetas fuera una habilidad real que supieras que has masterizado y eres bueno, pensamientos naturalmente buenos vendrían con esa habilidad reconocida.

Los pensamientos crearon el triunfo que disfrutas cuando las atas.

Esto es positivo.

Si

Atar las agujetas fue posible con el pensamiento positivo.

¡Pero espera!

Nota como el aprender a atarse las agujetas no tuvo nada que ver con aplaudirse, charlas motivacionales, afirmaciones repetidas, sugerencias repetidas u otras actividades aparentemente "positivas".

¿Qué hizo que atarse las agujetas fuera una actividad exitosa y cómo el pensamiento positivo te trajeron hasta este punto?

¿Fue el escuchar y ver videos de autoayuda y leer libros motivacionales?¿Fueron personalidades de la TV alentándote?¿O fueron amigos y familiares apoyándote en cada esfuerzo de aprender cómo atarse las agujetas?

¿No?

¿Entonces que fue?
En este punto, querido lector, podrías verte tentado a sustituir el pensamiento positivo con la persistencia, auto creencia, perseverancia, esfuerzo continuo, una gran actitud, etc.

Y solo hablar sobre cada una de esas fantásticas cualidades, este libro se convertiría en una enciclopedia. Y como este libro está enfocado en el pensamiento positivo, profundicemos en lo que hace positivo el pensar "positivamente" y subrayar lo que hemos descubierto con atarse las agujetas.

Capítulo Tres - Profundizando

Ahora que ya hemos discutido la atadura de agujetas completamente e insinuado sobre el pensamiento positivo en el proceso, es tiempo de explorar el pensamiento positivo en su forma más simple.

Listado abajo de están las capas subyacentes que le dan al pensamiento positivo su poder.

Cada tema será explorado, discutido y demostrado como una pieza fundamental dentro el pensamiento positivo.

Aquí está nuestra lista de piezas del pensamiento positivo:

El pensamiento

El problema por resolver

Las opciones detrás de la solución

La solución, habilidad, talento, etc.

La recompensa

La gratificación continua

Nótese que aún no hemos tocado nada relacionado a la psicología o algo basado a la sociedad.

En realidad, vamos a definir el pensamiento positivo desde el punto de vista de la resolución de problemas.

Mientras ofrezco este tipo de explicación, esta podría invitarte a la crítica abierta, querido lector.

Incluso podrías querer arremeter contra el autor por no explicar las cosas de una manera más simple e inspirativa. Es decir, podrías preguntarte, "Qué pasa con Dios, los ángeles, los libros edificantes, videos y personalidades que han explicado el pensamiento positivo?"

Eres libre de explorar todo eso.

El objetivo de este eBook es explorar una base para el pensamiento positivo, tal como ocurre en la mente humana.

Lo que sigue suplica toda tu atención porque le hablará a la mente de cualquiera...es decir, la tuya y la mía.

Capítulo Cuatro - Citando a Alguien

"A dónde los pensamientos van, el cuerpo y la mente los sigue" - Autor desconocido

"Termínalo!"- Larry, El chico del cable

"Solo hazlo!" - Nike

Las citas de arriba te insinúan el mensaje completo del libro.

Toma un momento, hazte un té o una bebida, esto está a punto de ponerse intenso.

Capítulo Cinco - Las Capas para Descubrir

(Este capítulo es también algo redundante.)

El pensamiento positivo tiene sus raíces.

Empiezan como semillas y crecen.

Hay seis semillas que subrayar aquí para nuestros propósitos.

Abajo las listamos:

1. El pensamiento mismo

2. El problema por resolver

3. Las opciones detrás de la solución

4. La solución, habilidad, talento, etc.

5. La recompensa

6. La gratificación continua

Con todo lo listado, empecemos con...

1. El pensamiento mismo.

¿Qué es el pensamiento?

Investigando en línea le permite a cualquiera encontrar la definición del pensamiento como: una idea u opinión producida por el pensar o que ocurre súbitamente en la mente.

Esto es algo simple y directo.

Ahora, veamos la siguiente semilla.

2. El problema por resolver

Definamos la palabra "problema"

Una consulta en internet nos da esta definición de la palabra "problema" - Un asunto o situación considerada como no deseada o dañina y que necesita ser tratada y superada.

Cuando paramos ahí por un momento, una definición bipartita emerge del pensamiento positivo.

Entonces, cuando unimos dos definiciones, obtenemos esto:

Una idea u opinión producida por el pensamiento o que ocurre súbitamente en la mente puede resolver un asunto o situación considerada como no deseada o dañina que necesita ser tratada y superada.

¿Te percataste de la única palabra agregada a esta oración?

Es la palabra "puede."

Por Favor relee una vez más.

Una idea u opinión producida por el pensamiento o que ocurre súbitamente en la mente puede resolver un asunto o situación considerada como no deseada o dañina que necesita ser tratada y superada

La palabra "puede" es un verbo que indica que un pensamiento puede resolver un problema.

Si no se añade nada más que eso, es suficiente para decirse que el pensamiento resuelve problemas.

¿Esto es pensamiento positivo?

Si lo es.

Pero aún no hemos terminado.

Aún tenemos otros detalles para explorar porque todos estos están vinculados.

Ya lo verás.

Así que una vez más, esto es lo que hemos descubierto hasta aquí.

Una idea u opinión producida por el pensamiento u ocurrida súbitamente en la mente puede resolver un asunto o situación considerada como no deseada o dañina que necesita ser tratada y superada

Necesitamos agregar algo más a esta explicación revisitando nuestra lista.

Aquí hay algunos aspectos remanentes más para ser discutidos:

Las opciones detrás de la solución

La solución, habilidad, talento, etc.

La recompensa

La gratificación continua

Las opciones detrás de la solución del problema con nuestros pensamientos pueden hacerse muy compleja con mucha rapidez. Y explorar esto a profundidad es un tema de otro libro.

Por esta razón, mantendremos tres opciones cuando implementemos una solución.

Estas son:

a. Solucionarlo de cualquier forma

habida lo más pronto posible.

b. Dejar que el problema persista y permitir que muestre sus fallas y exponga sus soluciones con el tiempo

c. Permitir que el problema permanezca sin solución

¿Recuerdas el ejemplo de atar agujetas?

¿Cuál de las tres opciones mencionadas aplica al ejemplo de atarse las agujetas?

Sí dijiste que la opción "a", esa sería correcta.

¿Pero qué tal si se usaron las opciones "b" y "c"?

Sí se usó la opción "b", entonces el pensamiento positivo pudo no haber sido muy claro. Esto sería verdad ya que el acto de atar las agujetas se supone que previene que los zapatos se salgan durante alguna actividad. Y esta respuesta es demasiado pasiva. En otras palabras, esperar por una solución no habrían hecho que esas agujetas se ataran en algún punto.

Sí se tomó la opción "c", las agujetas hubieran sido ignoradas permanentemente y andar descalzo o usar cualquier otro zapato pudo ser la opción elegida...

¿Cuál es el punto de deletrear esto?

Las opciones "b" o "c" nunca se agregarían al pensamiento positivo tal cual se ha definido aquí.

Revisemos nuestra propia definición de pensamiento positivo una vez más.

Dice:

Una idea u opinión producida por el pensamiento u ocurrida súbitamente en la mente puede resolver un asunto o situación considerada como no deseada o dañina que necesita ser tratada y superada

Ahora agreguemos una oración de continuidad: y solucionada de cualquier manera lo más pronto posible.

Nuestra explicación del pensamiento positivo ahora se transforma en esto:

Una idea u opinión producida por el pensamiento u ocurrida súbitamente en la mente puede resolver un asunto o situación considerada como no deseada o dañina que necesita ser tratada, superada <u>y solucionada de cualquier manera lo más pronto posible</u>.

Ahora, el pensamiento positivo está tomando un sentido de urgencia.

Sin embargo, nada de esto funciona sin una habilidad, destreza, talento, etc agregada que se aplique a nuestra definición.

Eso nos lleva a detallar una habilidad, talento, etc. para llevar esta explicación de pensamiento positivo a un territorio de resolución de problemas y una definición más completa.

Hagamos una pausa por un momento y revisemos lo que has listado en tus notas.

¿Tu destreza soluciona un problema pensándolo?

Las posibilidades son que si lo hace.

Ahora que tenemos nuestra destreza, talento o habilidad identificado…. o por lo menos la tuya.

Esto completa bastante nuestra definición de pensamiento positivo.

Esto es lo que quiero decir.

Una idea u opinión producida por pensar o surge repentinamente en la mente puede resolver un asunto o situación que se considera no deseada o dañina, y es necesario que sea tratado y superado y resuelto de cualquier forma o forma, tan pronto como sea posible con (TU HABILIDAD MENCIONADA AQUÍ).

¿Ves cómo esta explicación se completa un poco más?

Si es así, eso es bueno.

Agreguemos el siguiente asunto a nuestra lista.

La recompensa.
Muy bien, la presencia de la recompensa sugiere que una solución no solo es posible si no que es muy probable que pase.

La recompensa también significa que el pensamiento que generó la solución reveló una destreza, habilidad, talento, etc., que resolvió ese problema, tal como fue cruzar agujetas en varias direcciones para lograr un nudo que mantuviera los zapatos en los pies durante una actividad.

La recompensa en nuestro ejemplo sería el caminar, correr, brincar, escalar, etc con los zapatos en su lugar.

Además, esto inevitablemente conduce a la gratificación continua de poder siempre atarse las agujetas para mantener los zapatos en su lugar sin importar la actividad...repetidamente, cada vez que te pongas los zapatos.

Esta es la manera en que el pensamiento positivo llevó a la exitosa atadura de agujetas y a sus recompensas.

Ahora, nuestra descripción de pensamiento positivo se convierte en esto:

Una opinión o idea producida por pensar o que ocurre súbitamente en la mente que soluciona un asunto o situación que se considera no deseada o dañina, y es necesario que sea tratado y superado y resuelto de cualquier forma o forma, tan pronto como sea posible con (atarse las agujetas) para que el resultado deseado pueda ser alcanzado, mantenido y continuado.

Esto completa nuestro análisis de pensamiento positivo.

¿O quizás no?

Podríamos parar aquí, pero esta descripción del pensamiento positivo está pidiendo más sustancia.

En otras palabras, necesita más aporte de valor.

Capítulo Seis – ¡No Más Atado de

Agujetas, Por favor!

Parte Uno

Hagamos una revisión de lo que el pensamiento se ha convertido con nuestra explicación.

Es una opinión o idea producida por pensar o que ocurre súbitamente en la mente que soluciona un asunto o situación que se considera no deseada o dañina, y es necesario que sea tratado y superado y resuelto de cualquier forma o forma, tan pronto como sea posible con (tu destreza) para que el resultado deseado pueda ser alcanzado, mantenido y continuado.

Hablemos sobre sobre tu destreza, habilidad o talento por un momento. ¿Qué es lo que puedes usar de la definición dada?

Regresemos a tu talento, habilidad, destreza, etc. particular que escribiste.

¿Qué puedes agregar a la lista?

Todos los humanos tienen capacidad y habilidades que son muy valiosas.

Sigue adelante y enlista unas cuantas más.

Detalla que problemas del mundo real solucionan.

Después toma la frase antes mencionada e inserta tu destreza en ella.

Hazla tuya. Repalabréala si lo deseas y ponla en una frase que tenga sentido para ti.

Esta sugerencia demuestra el poder de lo que hemos construido en este pequeño libro.

Además, cuando algo es tuyo y entiendes completamente su valor, cualquier cosa buena puede pasar. Esto significa que cualquier cosa que hagas con tus destrezas pueden un acto de grandeza.

Cuando usas la definición de pensamiento positivo de esta publicación, formamos un camino mental único y práctico. Esto se debe a que las capas de pensamiento positivo ya no tienen que estar separadas.

Esto significa que todo lo que hemos discutido se ha homologado bastante bien.

Pero esta aventura nuestra aún no termina.

No debería terminar aquí.

Cualquier cosa que hayas leído sobre el pensamiento positivo apunta a controlar pensamientos para poder mantener cabeza fría y vigilar todo lo que hacemos y decimos.

En otras palabras, hablemos del

pensamiento positivo en otro nivel.

Conforme tú y yo apliquemos nuestras destrezas a solucionar problemas y aprovechemos los repetitivos beneficios, los obstáculos seguirán siendo un reto para nuestras soluciones.los obstáculos pueden literalmente ser cualquier cosa.

Pueden ser comentarios repetidos comentarios de la gente que conocemos y que no conocemos para intentar convencernos. O podemos ser extremos y decir que a gran escala tragedias como tormentas, temblores, etc. pueden causar que nuestras vidas paren. Y también está todo lo intermedio entre esos dos extremos.

Además de abordar todos los obstáculos concebibles, categorizarlos todos y aplicar pensamiento positivo, sería mejor simplemente usar métodos que sean efectivos contra cualquier cosa a lo que nos enfrentemos.

¿Es esto una varita mágica proverbial que se postula como la respuesta a todos los malos y males?

No.

Hay numerosos métodos de pensamiento positivo que dan oportunidad de crecimiento. Muchos métodos podrían ser listados aquí convirtiendo esta publicación en un libro de texto.

En lugar de meternos en cada posibilidad concebida para contrarrestar un obstáculo, debemos confiar en nuestra mente para enfocarnos. Esto quiere decir que usemos lo sé es simple.

La vida nos manda distracciones a cada momento.

¿Crees que nuestra mente puede manejar la sobrecarga de información durante las veinticuatro horas del día?

Lo dudo.

Así que es importante mencionar que cada obstáculo que enfrentamos es una oportunidad de crecimiento.

Y la mejor manera de luchar (entre otras cosas) es usar la definición y aplicación del pensamiento positivo resaltada en este corto libro.

¿Porqué?

La definición del pensamiento positivo que hemos establecido en este eBook simplemente funciona.

Las destrezas que tenemos solucionan problemas.

Punto.

Y entre más pensemos de esta manera; menos pensaremos sobre los obstáculos mismos.

Te compartimos una cita que arroja luz sobre la aplicación social de usar nuestra definición de pensamiento positivo

"El mayor temor en el mundo es la opinión de los demás. Y en el momento en que no temes a la multitud, ya no eres una oveja, eres un león. Un gran rugido se eleva en tu corazón, el rugido de la libertad." Osho

Hablemos sobre esto por un momento.

Cuando tenemos un problem para solucionar, a veces el problema es la parte fácil de aborda. La parte difícil puede ser la gente con la que tienes que trabajar para resolver el problema.

Ahora, no estoy diciendo que las personas son el problema. Estoy diciendo que la comunicación efectiva entre las personas puede ser un problema.

Entonces, saber cómo manejarlas es importante.

Adicionalmente, es sobre el manejo de tu mente, emociones y emociones apropiadas con la gente que son clave a la solución. Cuando te manejas apropiadamente con aquellos quienes pueden ayudar, el problema que quieres solucionar se solucionará.

La cita arriba subraya como las opiniones nos afectan.

En el momento en el que sobrepasamos las opiniones y trabajamos con las personas de una manera honesta, obtendremos nuestra solución.

¿Es así de fácil?

Bueno, ese es libro para otra ocasión. Supongamos en este momento que así lo es.

¿Obtener una solución será gratificante?

En muchos de los casos, debería serlo.

Esto debería añadirse al entendimiento de que el pensamiento positivo crece con los otros y se construye en sí mismo.

Esto crea una realidad que todos deberíamos disfrutar.

Sin embargo, permanezcamos realistas. Los desacuerdos y falta de comunicación son inevitables porque todos tenemos diferentes opiniones.

¿Esto significa que ignoremos todas las opiniones como lo sugiere la cita de Osho?

No.

Habrá una opinión que mueva un grupo hacia una meta común.

Pero la actividad conversacional para solucionar un problema usualmente expone todo tipo de retrasos poropinión.

Entonces, hablemos sobre el pensamiento positivo relacionado al trabajo con los demás.

Parte Dos

¿Qué crees sobre ti mismo?

Toma un minuto aquí y piensa.

¿Qué crees sobre ti mismo?

Escríbelo aquí.

_____

_____

_____

_____

O usa un cuaderno.

Se muy honesto contigo mismo.

Solamente tú sabrás la respuesta a esta pregunta

Espera un minuto; deberíamos estar hablando sobre el pensamiento positivo y su relación con el trabajar con gente.

Si lo haremos.

Pero hacer esto inicia con el creer en ti mismo primero.

Ok, wow… te estarás preguntando porqué no empezamos con esto al principio de este libro.

Pues, todo lleva un orden.

Y hemos llegado a este punto porque es relativamente fácil usar nuestra definición actual del pensamiento positivo cuando se refiere a soluciones prácticas de problemas.

Ahora usemos otro ejemplo.

Se necesita un poco de pensamiento positivo para resolver el mal aliento al cepillarse los dientes y usar enjuague bucal.Obtener un aliento fresco y dientes limpios es un resultado del pensamiento positivo.

Pensaste en hacerlo porque resolvía un olor desagradable de la boca y un color desagradable en los dientes.

No tuvo nada que ver con las personas ayudándote a cepillarte los dientes y usar enjuague bucal.

Digamos que alguien que conoces necesita cepillarse los dientes y enjuague bucal porque su aliento huele

Digamos que tu opinión sobre la higiene bucal es apasionada y que las otras personas no les importa.

El olor te repele y detiene tu ambición de solucionar un problema con esta persona.

Esta persona decide ahorrar dinero al no cepillarse o enjuagarse, por lo que te obliga a lidiar con su decisión.

¿Ahora qué?

Pues, mantenlo simple, si tú crees en ti mismo y en tu habilidad de persuadir a alguien más a tener higiene bucal, entonces este caso está resuelto.

Si tú careces de creencia en ti mismo y a tu habilidad de persuadir a alguien, cualquier objetivo que necesites solucionar con esa persona peligra o se detiene.

Ahora, la cita de Osho no nos ayuda mucho, ¿o sí?

¿Qué hacer?

Parte Tres

¿Ahora lo único que tienes que hacer es que esta persona tenga higiene oral y el esfuerzo de resolución de problema se renovaría, cierto?

Si.

Pero si la creencia en ti mismo es baja y no te permite pensar que persuadiendo a esta persona funcionaría, el problema permanecería y el pensamiento positivo pararía.

Este ejemplo es deliberadamente poco serio, pero ilustra un punto importante, que es:

1. Lo que crees de ti mismo dirige cada decisión que hagas

Exploremos algunas opciones para persuadir (esta lista no está completa)

1. Pide a alguien que haga algo

2. Ofrécele información que se relacione con su decisión para que haga una decisión informada.

3. Demandacooperación

Ahora de estas opciones no son todas las opciones disponibles. Esta lista esta lista está reducida al mínimo para ilustrar la simplicidad porque los acercamientos simples funcionan en casi todas las situaciones. No todas las conversaciones con las personas son un experimento social o psicológico. Pero todas las conversaciones entre las personas es una oportunidad de comunicación clara. Pero se reduce a la cooperación de dos personas, lo cual es todo un nuevo libro por sí mismo. Así que hay que mantenernos y veamos la opción tres y subamos a través de la lista de opciones.

¿Si demandamos cooperación de esta persona para que se cepille los dientes, crees que eso comunica autoconfianza y persuasión apropiada (para que el pensamiento positivo avance)?

Probablemente no. A la gente no le gusta que le demanden cosas. Y eso no comunica efectivamente autoconfianza a largo plazo.

Si decidimos ofrecer información sobre qué tan saludable es cepillarse los dientes y mencionar como promueve una buena impresión, posiblemente no obtengamos cooperación tampoco. Cuando se informa a las personas, no toman acción, a menos que tenga valor emocional y beneficio inmediato. Eso puede significar una conversación larga. Podría funcionar, pero queremos algo suficientemente efectivo para ser usado siempre. Preparar discursos constantemente para persuadir no es la mejor manera de hacerlo. Es demasiado impráctico.

Ahora si le pedimos a una persona que haga algo, hay una mejor posibilidad de que nos digan que sí. En la mayoría de las situaciones esto te llevará a donde quieres, considerando que un tono amable es usado, se acompaña de una entrega verbal considerada y una sonrisa. En la mayor parte de casos, las personas responderán bien a esta opción.

Así que, si hacemos referencia a la cita de Osho, ¿qué significa dejar ir el impacto de la opinión de los otros? Por ejemplo, si alguien es abiertamente terco o beligerante sobre cooperar y parece que ninguna medida del pensamiento positivo podría ayudar, entonces estar libre de esta persona tendría sentido completamente. Una vez más, esto presunta que tienes esta opción. Y los ejemplos pueden extenderse por siempre.

Ahora, entiende, esto no es de ninguna manera un libro de psicología.

Así que querido lector antes de que reclames que estoy sobre simplificando, me voy a declarar culpable del cargo.

Hay una razón para todo esto.

Simples estilos de comunicación y pensar positivamente te dan resultados cuando las personas se juntan para resolver problemas.

Todo lo positivo se construye en conjunto. Todo lo negativo lo derrumba.

Para propósitos de este libro, todo lo positivo se construye en conjunto porque no hay otra manera de hacerlo.

Es muy realista porque situaciones como esta pasan todo el tiempo, fuera de nuestra vista entre personas que no conocemos y jamás hemos conocido. Y eso es algo seguro de pensar y creer porque personas como tú y yo nos unimos aquí como autor y lector, trabajando juntos. Tú elegiste este libro para abordar una preocupación o problema. Yo anticipé y escribí esto para ti. Tú resulta que lo estás leyendo ahora y quizás estás solucionando un problema ahorita usando el conocimiento de este libro.

¿Ahora lo ves?

Podemos confiar cosas como estas están pasando en toda la tierra porque los humanos inherentemente quieren ser vistos como buenas personas y realmente trabajar juntos por un bien común.

Nada puede ser más positivo que eso

Entonces sumemos.

Y usaremos nuestra defición completa del pensamiento positivo para hacerlo.

Aquí está una última vez:

Pensamiento Positivo

Una idea u opinión producida por el pensamiento o que súbitamente ocurre en la mente que soluciona un asunto o situación que es considerada como no deseada o dañina, y que necesita ser tratada y resuelta de cualquier forma posible con (tu destreza*) para que el resultado deseado pueda ser alcanzado, mantenido y continuado.

Adicionalmente, hemos discutido como

persuadir a alguien para que trabaje con nosotros y avance en las habilidades de solución de problemas.

Por ahora deberías ver una fotografía formándose de dos personas combinando sus destrezas, habilidades o talentos para producir una solución como respuesta a un problema.

Esto se extiende a tres o más personas, e incluso a grupos también.

Las visiones resultantes nos acercan gentilmente a nuestro tema.

* Atarse las agujetas o tu habilidad de escritura o habilidad del capítulo uno.

Conclusión

Regresemos hasta el principio en la primera página y hablemos sobre destreza, habilidad, talento listado.

Y, hagamos algunas preguntas sobre todo lo que has leído.

¿Ves cómo tu destreza, talento o habilidad se afianzó por primera vez como algo que tu mente sostenía?

¿Ves cómo ese pensamiento te decía que siguieras usando esa destreza, habilidad o talento, sin importar las condiciones adversas para que resultara?

¿Comprendes cómo cada capa del pensamiento positivo que discutimos era un proceso interno que ya estaba en tu cerebro?

¡Tú activaste la energía usando el pensamiento positivo!

El resto de tus recursos de inteligencia produjeron ese pensar y transformaron esa destreza, habilidad, talento, etc. en una realidad consistente.

Luego agregamos como una sugerencia

una técnica de persuasión para agregar valor y sustancia a nuestro esfuerzo.

Esto proporcionó poder adicional a nuestro pensamiento positivo, para recompensa continua y éxito constante.

Así que, querido lector, este eBook hizo una proclamada sorprendente revelación o era algo que ya sabías.

Gracias.

Parte 2

Capítulo 1: Pensamiento correcto - Pensamiento negativo - Pensamiento positivo

Haga click aquí para obtener acceso instantáneo gratuito

El punto de partida para realizar cambios permanentes y a largo plazo en tu vida comienza con poder diferenciar entre el pensamiento correcto, el pensamiento negativo y el pensamiento positivo.

Piensa en alguien que se sienta a tocar el piano. Cuando esta persona toca, la armonía, el equilibrio y la melodía real no se perciben en la canción porque todas las notas que ha tocado son incorrectas. Esta persona eventualmente se cansará de la falta de armonía, el poco placer que provoca su música y se decidirá a buscar un maestro. El profesor probablemente le dirá, "tienes el potencial para tocar el piano, pero necesitas comprender la música".

Cada uno de nosotros, tu incluido, tenemos la capacidad de participar en el juego de la vida con armonía, equilibrio y alegría, pero primero debes comprender las reglas y los principios involucrados.

Cada una de nuestras vidas funciona de acuerdo con la ley y los principios de la física. Si no fuera así, nunca habría existido nada como electricidad, los avionesno funcionarían sin la gravedad y la suma de uno más uno no sería igual a dos. Estas leyes del universo son totalmente infalibles.

Además de ser confiables, estas leyes universales también son inmutables. Puedes depender de ellas y siempre funcionarán. En términos simples, el universo nunca te decepcionará. No le importa si eres joven o viejo, bajo o alto, delgado o gordo, si eres hombre o mujer. La energía, el poder y la fuerza son neutrales y podremos dirigirlas a nuestras creencias e ideas.

Tu palabra es ley
Lo que esto significa es que tu palabra es la ley en el universo. Sin embargo, necesitas comprenderlas pues sin ellas no podrás crear lo que deseas. La ley central a la que

se ajustan todas las demás es la de causa y efecto. Es la que establece que el efecto o resultado de cualquier condición debe ser igual al de la causa. Esta es siempre una creencia o idea. Otra forma para describir esta ley es usando el ejemplo de acción y reacción o sembrando y cosechando.

Esta ley es impersonal al igual que la luz del sol. Cuando te paras al sol, recibirás los beneficios curativos de los rayos solares y su calor. Cuando te mueves a la sombra, el sol deja de brillar sobre ti. ¿Pero quién te movió del sol a la sombra? ¿Quién te desplazó hacia la oscuridad? La verdad sea dicha, permanecemos en la oscuridad debido a lo ignorantes que somos.

El problema de la ignorancia
Para recapitular, la ley de causa y efecto es impersonal. Esta es la razón por la que ves a muchas personas que podrías considerar buenas con sus vidas plagadas de problemas y desastres. En algún momento de sus vidas, estas personas habrán malinterpretado o usado mal esta ley. Esto no quiere decir que sean malos, ni

tampoco que tales personas no conozcan el amor. Implica que a través de la mala interpretación y la ignorancia han hecho un mal uso de la causa y efecto. Este ejemplo puede aplicarse a cualquier ley natural. Por ejemplo, la gravedad o la aerodinámica no te matarán por sí mismas pero si lo hará tu mala interpretación de cómo funcionan, sin importar si eres una persona amable y cariñosa.

Este universo es como un río. Seguirá fluyendo incluso si estas feliz o triste, si eres bueno o malo. Algunas personas van al río cuando están felices mientras que otras acuden cuando están tristes. Pueden llorar desconsoladas en el pero al río no le importa; seguirá fluyendo. Esto también es aplicable al universo. Puede apoyarte o destruirte. Es el cómo interpretas y usas la acción y reacción lo que al final determinará los efectos y resultados.

Solo puedes recibir lo que tu mente es capaz de aceptar. Puedes ir al río de la vida con una taza mientras que alguien más irá con una cuchara. Otra persona irá con un barril, así como una distinta irá con un cubo. Una cosa, sin embargo, se mantiene intacta. La abundancia de este río siempre estará allí esperando por todos ustedes. Son tu conciencia, tus ideas, tu marco de referencia o sistema de creencias lo que marcara si irás a este río de la vida con una taza, cuchara, barril o cubo.

Si tienes un pensamiento empobrecido iras al río de la vida con una cuchara y acabaras maldiciendo la poca capacidad que esta tiene. Puedes maldecir a los que tienen más que tú. Sin embargo, recuerda siempre que las maldiciones se revierten. El río está ahí y rebosa de abundancia. Puedes decidir ir al río de la vida con un barril, un cubo o cualquier cosa que desees. Lo que elijas tomar del río de la vida depende de ti. Lo único que te limitará es tu mente. La verdad es que puedes conseguir todo lo que quieras si renuncias a la creencia de que puedes tenerlo. ¡Es así de simple!

Las creencias pueden convertirse en limitaciones

Todas tus experiencias probablemente te

han llevado a creer ciertas cosas sobre ti mismo. Ya sean reales o no, si las aceptas como verdaderas entonces lo son para ti. Si aprendes a hablar por mucho tiempo, entonces se convierte en la ley del universo. No hay nada que puedas hacer al respecto más que cambiar de opinión. Si plantas una semilla de tomate, te dará tomates. No decidirá cambiar y darte pepinos porque cree que son buenos para ti. El suelo te dará los tomates una vez que plantes las semillas de tomate, incluso si eres alérgico a ellos.

Tómate un minuto y reflexiona las creencias que forman la base de tu vida. Todos tenemos dogmas que hemos acumulado a lo largo de los años: opiniones, ideas, condicionamientos y actitudes. Estamos tan contentos de lo que sabemos que cuando alguien nos desafía, nos resistimos pensando a menudo: "No me enseñes nada nuevo. Tengo mis propias creencias, ¿cómo te atreves a intentar cambiarlas? He tenido estas ideas toda mi vida ¿y ahora me dices que estoy equivocado? No quiero escuchar nada de lo que digas". Así que terminamos viviendo con un montón de creencias llamadas política y religión, dogmas conjuntos de otras personas,ya sea queestemos de acuerdo o no, sobre nosotros mismos y los demás.

La mayoría de las cosas en las que creemos fueron recopiladas de experiencias pasadas de un grupo de individuos y no siempre son ciertas; pero hemos creído que son verdaderas para que podamos sobrevivir. Dado que la voluntad de sobrevivir y el deseo de tener fe son fuertes, túconstruyes reglas sobre cómo es la vida y cómo se desarrolla. Tarde o temprano, estos conjuntos de reglas se convierten en creencias. Desafortunadamente, estas creencias tienen la posibilidad de convertirse en limitaciones.

Romper las creencias erróneas
La verdad del asunto es que solo puedes alcanzar tus metas en la medida en que estéspreparado para deshacerte de esas

creencias erróneas. Cuando experimentas el fracaso, la enfermedad o la falta de anhelos, se debe principalmente a las restricciones en tu mente. Lo triste es que a pesar de que nuestras vidas no van según lo planeado en ciertas áreas, todavía tenemos miedo de cambiar. Estamos profundamente encerrados en nuestra zona de confort, no importa cuánto nos destruya. Sin embargo, la única forma en que podemos salir de allí, de liberar todas esas limitaciones y problemas es incomodarnos. La única vez que experimentamos la libertad es aceptando la verdad acerca de nosotros mismos sin escaparnos de ella.

Debemos dejar de engañarnos; deja de evitar los conflictos,de culpar a los demás y comienza a enfrentar el hecho de que pudiste haber aceptado creencias inviables que son directamente responsables de todos los eventos que suceden en tu vida. No se trata de cambiar de pensamiento negativo a positivo, sino de cambiar a "pensamientos correctos". Esto significa que nos estamos moviendo o cambiando a la verdad absoluta de quiénes somos realmente y cómo nos relacionamos con la vida.

El pensamiento correcto, que se basa únicamente en la verdad y no en ilusiones, es la clave para determinar la solidez de todas las demás ideas. El pensamiento negativo y positivo se filtra a través de nuestro sistema de creencias. Logramos un pensamiento correcto una vez que nos damos cuenta de la realidad sobre cualquier situación.

Saber que la verdad te hace libre Esfuérzate por saber siempre la verdad sobre cualquier situación en la que estés involucrado. Mira tu sistema de creencias actual y pregúntele a tu yo superior "¿qué hay deverdad en todo esto?" Tu yo superior siempre te revelará la verdad, pero solo si estás dispuesto y listo para escucharlo. Cuando basa todas sus decisiones en la verdad, también utilizará el pensamiento correcto. No se tratará de ser negativo o positivo sino que simplemente ser tú mismo y una vez que así ocurra estarás permitiendo que tu ser superior exponga la verdad, cada situación en la que te involucres se resolverá siempre de formaperfecta. Esto puede sonar místico, pero la ley de causa y efecto jugará un papel en ella.

El punto inicial del éxito

El objetivo de todos los grandes maestros desde el comienzo de los tiempos fue enseñarnos que somos responsables de nuestra propia realidad. Más concretamente, somos responsables de todos los eventos del día a día en nuestras propias vidas. Esto incluye lo malo, lo bueno y lo desagradable. Si creemos que algo o alguien a parte de nosotros mismos es responsable de los problemas en nuestras vidas, entonces debemos mirar hacia afuera para encontrar la solución. Para encontrar las respuestas verdaderas a nuestros problemas debemos comenzar por vernos a nosotros mismos desde una perspectiva diferente, lo que nos ayudará a ver los eventos y personas de una manera diferente. Nuestro mundo interior es más o menos lo mismo que el mundo exterior. Es importante que tengas en esto cuenta. ¿Cuántas personas que están preocupadas no han pensado en este hecho? Ninguna cantidad de fuerza de voluntad, motivaciones, inspiración o determinación resolverá nuestros problemas si buscamos las respuestas fuera de nosotros mismos.

Ley de la atracción
Todo lo que viene a ti lo hace debido a la ley fundamental de la física: ¡LOS POLOS SE ATRAEN! Esta es la ley de la atracción. Al igual que otras leyes naturales esta ley de atracción funciona con exactitud matemática. Es impersonal e imparcial, lo que implica que funcionará, lo desees o no.

No tiene nada que ver con tus creencias religiosas ya que la personalidad puede ser de una persona buena, mala o cualquier otra cosa. No hay unasola alma que viva fuera de esta ley. Es una ley inexpugnable tan real como la de la gravedad. Antes de que la ya mencionada ley de gravedad se descubriera, pese a que nadie sabía que existía, se veían afectados por ella. Este es el mismo caso con la ley de atracción. La mayoría de nosotros no somos conscientes de cómo funciona, pero todavía nos afecta.

No es importante que conozcas como funciona de la ley de la gravedad para que flotes en el espacio. Del mismo modo, no es obligatorio que conozcas los mecanismos detrás de la ley de atracción para que te afecte en la vida.

Puede que no te hayas dado cuenta de esto, pero todo lo que sucede en tu vida es atraído, invitado y creado por ti. No hay excepciones a esto. Es posible que esta no sea una buena noticia si tu vida va mal o no funciona como lo planeaste. Además, dado que la mayoría de nosotros no estamos tan contentos con lo que hemos creado en nuestras vidas nos hemos convertido en profesionales atrayendo en exceso circunstancias que no quisiéramos tener.

Nuestras mentes trazaránlo que es familiar

para ellas. Los que están asustados siempre atraerán experiencias espantosas. Aquellos que están confundidos atraerán más y más confusión.

Dado que atraemos lo que estamos pensando, sería sensato decir que deberíamos estar atentos a los pensamientos intuitivos que controlan nuestras vidas.

Siempre tienes razón

La función más importante de la mente intuitiva es seguir las directivas de la mente consciente. Lo haces determinando lo que la mente consciente piensa que es verdad. En términos simples, el rol principal de la mente intuitiva es mostrar que la mente consciente siempre tiene la razón.

Entonces, si crees intencionalmente que no puedes ser o tener algo, la mente intuitiva generará las circunstancias para demostrar que tienes razón. La mente intuitiva funciona igual que el piloto automático de un avión. Si se ha configurado para tomar el avión hacia el este, puedes cambiarlo simplemente tomando los controles y configurándolo para que vaya hacia el norte. Sin embargo, cuando lo sueltes el piloto automático que estáprogramado para ir hacia el este, llevará al avión hacia esa dirección.

Tu subconsciente no cambiará la verdad del mundo que te rodea. Simplemente asimilarala información que le presente para que pueda apoyar tus creencias o la imagen que has establecido en tu mente. Por ejemplo, si crees firmemente que un negocio es malo y que no existe una nueva oportunidad para ti, la mente intuitiva desechará todas las nuevas oportunidades que tengan que ver con ese negocio. En su lugar, señalará todos los problemas que apoyarán tu creencia y las cosas malas que reforzarán la idea de que no tienes oportunidades.

Tu mente intuitiva no puede pensar por sí misma. En su lugar, atrae a ti solo aquellas cosas que están vinculadas a las vistas internas más profundas. Si no puedes ver esto como la verdad y te niegas a darte cuenta eres el responsable directo de crear tu realidad a partir de esas ideas y serás incapaz de cambiar o alterar tu vida para mejorarla. Como alternativa, tendrás este sentimiento de ser una perpetua víctima de las situaciones, circunstancias y personas.

Una vez que te aceptas a ti mismo como inútil, comienzas a buscar a alguien o algo a parte de ti para cumplir y satisfacer tus deseos. Una vez que entiendas todo lo que deseas, puedes crearlo a través de tu mente, a través del pensamiento correcto, que es bastante simple. Habrás llegado a la conclusión de que eres la única persona que puede obtener lo que deseas.

Creyendo en tu poder creativo

Para llegar donde quieres, debes creer en el poder que está dentro de ti. Ahora, cuando se te pide que creas en ese poder, inmediatamente dices: "Mira la enfermedad, mira la desnutrición. Mira a los países devastados por la guerra y, sin embargo, ¿todavía me pides que tenga confianza en ese poder? Si realmente existiera, ¿por qué entonces existe todo eso?"

Bueno, lo cierto es que no permite que nada de aquello suceda. Recuerda que en algún momento dijimos que este poder es "neutral". Es simplemente el poder creativo, la fuerza neutral de la vida. Este poder o fuerza vital puede usarse para crear cualquier cosa que queramos en nuestras vidas. No importa incluso si decidimos elegir la ignorancia. Nos respaldará incluso en eso hasta que podamos aprender de ello. La causa y el efecto siempre serán iguales. Si estás en una zanja, implica que el poder te está apoyando para estar en esa zanja. Si su vida es muy exitosa, implica que el poder apoya tu éxito. Todo sale de tus ideas.

El poder directo de tus pensamientos
Desde el principio, mencionamos que las ideas que tenemos se adaptan a nuestros resultados. Para ponerlo de otra forma, se hará como tú lo creas y no como lo quieras. Hay una gran diferencia entre estos dos. Mientras estás pensando el universo se mueve. Esto implica que una

vez que expongas una idea al universo, las cosas, los lugares y las personas entrarán en tu vida para garantizar que esta idea se cumpla. Cuando empiezas a pensar, desencadenas las situaciones para que sucedan.

Tómate un minuto y observa lo que ese poder ha hecho en este mundo. Mira las maravillosas creaciones que te rodean. La magnífica noticia es que el mismo poder que creó todas esas cosas maravillosas se encuentra dentro de ti. Y mientras más receptivo y abierto te vuelvas a este poder, más bella y satisfactoria será tu vida. Si todo esto es cierto, ¿cómo funciona exactamente ese poder? Lo cierto es que todos lo usamos indirectamente. Déjame explicarlo.

Hoy, cuando subiste a tu automóvil, ¿qué procesos seguiste? Bueno, tuviste seguro que poner la llave en la ranura de encendido, girarla para que el motor arranque y finalmente haciéndolo funcionar. Este motor de arranque funciona con electricidad. Si te preguntas, ¿cuál es la fuente directa de esta electricidad? ¿Es la batería? La respuesta es no. La batería no es una fuente independiente, requiere de alguna energía externa para funcionar. Tu ser superior es básicamente una batería dentro de ti que se carga por mediodel universo. Esta energía será utilizada para el propósito de la creación.

En Física, existe la ley de Ohmios que establece que C es igual a E dividido por R. Entonces C es la inicial de la energía eléctrica disponible para alimentar cualquier aparato eléctrico que se estés planeando usar. Por ejemplo, C es equivalente a la electricidad que necesitará tu computadora portátil para funcionar. La potencia necesaria para ejecutar la computadora portátil es el resultado de E, la fuente de alimentación directa es dividida por R. Ahora, supongamos que la línea de alimentación principal ingresa al edificio donde vives 500,000 voltios, pero la recibes en tu casa de 100 A 200 voltios para encender los electrodomésticos. Para lograr esto, las líneas eléctricas tendrán transformadores que reducirán la potencia que recibirás en la casa y la harán segura para su aplicación.

¿Por qué usé este ejemplo? Es porque la energía que se usa para hacerte funcionar, como los aparatos eléctricos, es la misma que la que tienes disponible. El máximo poder del universo es fácilmente accesible para ti, pero también contiene la sabiduría infinitaque es como un transformador. Mientras que tu ser superior está puesto en el poder máximo del universo, este mismo poder contiene suficiente sabiduría para colocar algunos transformadores en medio y aislarlo para que no recibas demasiado poder antes de estar preparado para usarlo, evitando así que acabes agotado .

Ahora, en caso de que quieras aportar potencia extra, ¿qué es lo más viable? Tendrías que encontrar menos resistencia y cambiar el cableado para acomodar el flujo adicional de energía.

Cómo obtener más poder
Aquí haremos referencia nuevamente al

ejemplo del agua que usamos anteriormente ya que se requieren contenedores más grandes para llevar más cantidad. No debes esperar que, dado que tu ser superior está conectado al Poder Supremo, la sabiduría y la inteligencia del universo, puedas simplemente activarlo en su totalidad ya que de hacerlo podrías explotar. Por lo tanto, para hacer que nuestras vidas funcionen y canalizar esta energía tenemos que encontrar un canal más grande por el que pasará la Inteligencia Creativa. Para ampliar este canal, tenemos que ampliar nuestra conciencia. Esto implicará expandir nuestras creencias e ideas con respecto a nosotros mismos y nuestras relaciones con este poder. En el proceso de hacer esto comenzaremos a experimentar más y más de este Poder Máximo y nuestro potencial de creación aumentará.

Somos seres creativos y tenemos el potencial de hacer aún más. De hecho, siempre estamos en el proceso de crear, por instinto o de forma intencional. Al saber quiénes somos exactamente y el proceso a través del cual se puede expandir el poder interno, podemos comenzar a cambiar nuestra creación de un estado inconsciente a uno consciente.

Una vez que alcancemos el nivel consciente, estaremos en condiciones de tomar nuestras propias decisiones. Basándonos en nuestra creatividad inconsciente, no podremos tomar ninguna decisión.

Es posible que hayas oído hablar del "poder de elegir", pero no es del todo cierto. Sería engañoso decir que alguien buscará intencionalmente una relación disfuncional, que se ahogara en sus deudas o decidirá conformarse con todas las cosas negativas en sus vidas. En la mayoría de los casos, estaremos funcionando en nuestro "modo predeterminado" que se centran en algunos de los eventos o actividades del pasado.

Cuando hablamos de elección, queremos decir que estamos siendo conscientes. De lo contrario no somos capaces de tomar decisiones con claridad. Te manejarías con el "piloto automático" o "predeterminado". Este último puede denominarse como modo de supervivencia. Es donde nuestras mentes asumen nuestras acciones sin estar conscientes de ello.

La elección comienza cuando dejamos de reconocer nuestros patrones condicionados vinculados a nuestro pasado. Hasta que lleguemos a este punto, estamos inconscientes. Esto implica que nos vemos obligados a pensar, actuar y sentir de ciertas maneras según el condicionamiento de nuestra mente. Una vez que somos capaces de tomar decisiones, dejamos de ser víctimas de nuestras propias partituras.

Si tu pensamiento negativo inconsciente no apoya lo que deseas, en lugar de intentar eliminarlo, puedes centrarlo en el "pensamiento correcto". Este pensamiento es un patrónbasado en la verdad y debe ser correcto en todo momento.

El crecimiento no puede ocurrir sin el descontento

El ser superior en ti siempre estará en posición de determinar qué es lo mejor para tu persona. Todo lo que debes hacer es asegurarte de que deseas algo mejor de lo que tienes actualmente. Llega a la conclusión de que *no puedes crecer sinincomodidad.* Si bien puede estar pensando que es necesario vivir en el presente y estar contento con lo que tienes, también es algo crítico aprender del pasado.

Echa un vistazo y aprende sobre tu propia insatisfacción porque arrojará algo de luz sobre quien eres. La vida siempre estará en constante cambio. ¿Cómo planeas trazarlo? ¿Vas a pintar limitaciones y escasez? Si haces esto, todo lo que verás serán los mismos límites y carencias.

¿Está atado a tus limitaciones? ¿Has notado que los grandes elefantes en el circo están atados a la estaca de madera por una simple cuerda? De manera similar, los bebés elefantes normalmente están encadenados alrededor de sus cuellos y asegurados firmemente a una estaca de metal que está profundamente excavada en el suelo. La explicación más lógica a esto es que deben evitar quelos bebés elefantes se liberen. Si la estaca es clavada profundamente en el suelo y se usa una cadena mucho más fuerte para restringir al joven elefante, este no podrá escapar. En última instancia, llegará un día en que dejará de luchar. Este es el momento en que la estaca y las cadenas de metal serán reemplazadas por una estaca de madera y una cuerda delgada.

La administración del circo hace estos cambios porque saben que el joven elefante ha sido condicionado para pensar que es imposible huir. Al crear tus propiaslimitaciones a través de tu sistema de creencias, estarás haciendo lo mismo que el elefante joven. Te limitas no por la realidad, sino por lo que percibes que es.

Cuando era niño, solía tener una gata que parecía pensar que no podía saltar en superficies altas, por lo que ni siquiera lo intentaba. A medida que pasaba el tiempo ella se volvió senil y olvidó que no podía saltar. Un día, volvimos a casa de la iglesia y la encontramos sentada en el estante más alto de la casa. En el proceso, ella había derribado objetos valiosos y libros. Como un ejemplo destacable, en su mente senil gatuna, ¡ella olvidó lo que no podía hacer! En nuestro caso, ¿qué crees que podría pasar si te volvieras senil de manera positiva? Podrías simplemente dejar de lado todos los pensamientos negativos de lo que no puedes realizar y hacer algo finalmente.

Entendiendo las reglas de la vida
Comprende que si tu vida resulta ser lo que no esperabas es porque has aceptado las falsas creencias que te impiden ser o lograr lo que quieres. Lamentablemente, la mayoría de las personas se sienten atrapadas en esto. Cuando miras al rededor y ves la miseria, el sufrimiento y las carencias, las personas bienintencionadas hace del mundo un lugar mejor. Sin embargo hay individuos que se dan por vencidos y creen que para sobrevivir tienen que arrebatarles las

cosas a otras personas.

Apenas nos tomamos unos momentosbuscando respuestas a esta confusión. Difícilmente, tales individuos tomarán algún tiempo y observarán cuáles son las reglas de la vida. Eventualmente, lo que sucede es que al ignorar todo esto, tienen que esforzarse y luchar para obtener lo que quieren. Y lo triste es que por lo general no les funciona.

Participando en el juego de la vida
La vida tiene que ver con la lucha. Algunas de las personas jugarán juegos de enfermedad, lucha, pobreza, de tener la razón en todo momento o en aquel de llegar tarde siempre. Hay otros sin embargo que jugarán el juego de la abundancia, la felicidad y la salud. Te ayudará a comprender que cada persona participará en un juego que él o ella establezca. Si el juego en el que deseas participar no trae beneficios, deja de jugarlo ya sea de forma inmediata o paulatinamente.

Echa un vistazo más de cerca a tu propia

vida. Intenta ver la satisfacción secreta que deriva el no tener el control total de tu vida. ¿Hay alguna satisfacción secreta que surja de ser una víctima? ¿Cómo podrías disfrutar sintiéndote pobre, inútil o débil? La respuesta a esto se encuentra en el valor de pago o recompensa. Por ejemplo, si participas en el juego de la debilidad, otras personas tendrán que cuidarte, amarte y protegerte. Esta es la mejor manera que puedes usar para llamar la atención. Si eliges jugar el juego de ser indeciso en todo momento, habrá personas que tomarán decisiones en tu lugar que afectarán tu vida. De esta manera, estará protegido de la culpa cuando se tomen malas decisiones. En otras palabras, si te atas las manos a la espalda puedes estar seguro de que habrá alguien que cuidará de ti. Al jugar al juego indefenso, estarás controlando a otras personas. El poder que tienen las personas "inútiles" es increíble. Son realmente buenos para hacer que otras personas desempeñen el papel que quieren.

Mira lo que estás ganando con la

recompensa. Un buen ejemplo es la enfermedad. Mira el valor que obtienes por estar enfermo. En la parte posterior de su cabeza, puede estar pensando: "Esto es cruel e insensible. No tienes idea de lo que he sufrido."De hecho, no es cruel. Sería más cruel negar que estás enfermo. Lo que realmente estás insinuando es que cualquier enfermedad que sufras tiene más poder que tú para elegir tu destino. La pregunta lógica aquí es:¿"quién" da y permite que la enfermedad tenga tanto poder?

Si estás enfermo, tómate un tiempo y mira lo que te está deprimiendo sin juzgarte a ti mismo. Deja que te diga algo. Debes saber que a pesar de todo lo que le está sucediendo a tu cuerpo, todo comienza en tus pensamientos. La enfermedad es tu cuerpo reaccionando al estado de la mente. Dado que nuestros cuerpos son el mecanismo de retroalimentación de nuestra mente siempre nos permitirá saber lo que está sucediendo en nuestra conciencia. Permite que tu cuerpo te enseñe.

Es fascinante que en la sociedad en la que vivimos está bien si gastamos hasta $50,000 en el tratamiento de un ataque cardíaco, pero es totalmente incorrecto cuando gastamos la misma cantidad cuando nos divertimos. Por lo que veo la opinión de la gente sobre ello es que con ese dinero que usas para divertirte puedes atenderte muchos ataques al corazón. Sin embargo, piénselo bien, se percibe a la diversión como algo anormal mientras que experimentar dolor es considerado común.

Esperar es una trampa
¿Por qué esperas estar vivo, saludable y feliz, el comenzar a poner en práctica esa idea de negocio en la que has estado pensando durante mucho tiempo o salir de esa relación en la que estás atrapado? Cuando empieces a esperar, te estarás envolviendo a ti mismo. Siempre estamos esperando que la economía mejore, que las tasas de interés caigan en un cierto margen o que alguien cambie. En caso de

que no lo hayas notado, siempre encontrarás una razón para esperar.

¿Qué sucede si no recibes la ayuda que está esperando?
Una vez tuve una amigaque erajoven,hermosa e inteligente. Tenía toda una vida por delante y, sin embargo, intentó suicidarse con drogas y sustancias tóxicas. Probablemente te estés preguntando por qué ella intentaría cometer este acto atroz. Cuando me decidí a preguntarle me dijo que sentía un gran vacío. Sin embargo, ella no tenía idea de que era la responsable de su propia vida y podía crearla tal como ella quisiese que fuera. En cambio esperaba que alguien viniera y le trajera la felicidad que tanto anhelaba. Triste para ella, esta personaque esperaba jamás llegó.
Esta noción que tenemos sobre hacer felices a otras personas o ese deseo de tener a otros para proporcionarles felicidad en nuestra vida explica el proceso organizado de nunca acabar para crear un lugar mejor.

La principal ilusión que tenemos es que podemos desarrollar una sociedad que funcionará en un nivel espiritual y psicológico más alto que el que tenemos actualmente. La mayoría de las personas nos alentarán a trabajar por un mundo o una sociedad mejor. Este es un gran error. Dado que no podemos crear nada más avanzado que nuestro nivel de conciencia, la sociedad en general no mejorará.

La organización general para el cambio social solo agregará un nuevo tipo de carga sobre la ya existente. La mente confundida no tiene idea de qué hacer con todo lo que este sistema social nos impone. Sin embargo, cuando intentamos desesperadamente mejorar las cosas, nos vemos obligados a dar sentido estas tonterías.

El principal problema es que estamos tratando de "corregir" los "errores" del mundo desde afuera. Estamos tratando de cambiar el mundo exterior cambiando a la fuerza lo que nos rodea.

Desafortunadamente, este enfoque de afuera hacia adentro está destinado a fallar ya que nos enfocamos en el efecto más que en la causa.

Cambiando el enfoque de adentro hacia afuera

Es importante que nos recordemos a nosotros mismos ya todas las demás personas que podemos y debemos pensar en cambiar el mundo desde adentro hacia afuera. Ha quedado claro que el enfoque de afuera hacia adentro no funciona y nuncalo hará. La solución duradera para la escasez, la limitación y la carencia depende de nuestra capacidad para convertir nuestro potencial interno en realidad.

La única forma en que podemos sanar al mundo es curándonos primero a nosotros mismos. Puede que no sea la primera vez que escuchas esto, pero es fundamental que nos recordemos quiénes somos exactamente y de lo que somos realmente capaces. Necesitas hacerte cargo de todo lo que se te ocurra hacer. A través de la ley de atracción, acercamos a nosotros inconsciente o conscientemente todo lo que pensamos. Participamos y hasta cierto punto somos responsables decualquier cosa que nos hayan hecho las personas, en el presente o en el pasado. En esencia, no hay nada como las víctimas, solo voluntarios. Esto puede ser muy difícil de aceptar, pero al hacerlo, estás en una mejor posición para cambiar las cosas a mejor.

Hemos cultivado esta cultura de echarles la culpa a los demás. Sin embargo, si el reloj en tu muñeca indica la hora incorrecta, ¿qué harías al respecto? ¿Te molestarías en pedirles a todos a tu alrededor que ajusten su reloj acorde al tuyo? Desafortunadamente, ignoramos todo esto cuando nuestras vidas no van según lo planeado. En cambio, insistimos en que la realidad es la que debe adaptarse a nuestra propia ilusión.

Capítulo 2: La verdad sobre ti

Si quieres tomar el control de tu vida, es fundamental que entiendas quién eres realmente. Tu autoimagen, que te retrata y la que tienes en mente, se convierten en la clave de tu vida. Todos tus sentimientos, comportamientos, acciones y habilidades son un verdadero reflejo de esta imagen. Literalmente actúas fuera de la persona que realmente crees que eres. Es importante tener en cuenta que mientras se mantenga esta imagen, ningún esfuerzo, ninguna cantidad de compromiso o determinación de la fuerza de voluntad hará que seas de otra manera, ya que siempre actuarás como tu mismo. Para cambiar o convertirse de otra manera, primero debes ver cómo se forma tu propia imagen.

Tu plano mental

Desde el momento en que naces, recopilas y acumulas cientos de ideas sobre ti mismo como sabio o estúpido, temeroso o confiado, malo o bueno, etc. Por repetición, algunas de estas identidades falsas forman parte de tu autoimagen. Esta imagen de sí mismo que desarrolles te permitirá ser exitoso y feliz, o tiranizar tu vida. Sea lo que sea que te des cuenta o no, dentro de ti, tienes un plano mental. Este plano es una imagen de cómo piensas sobre ti mismo. Es completo y exacto hasta el último detalle. Este plano o resumen es tu autoimagen. Sin embargo, el plan es realmente *quién crees que eresen lugar de quién eres.*

Las condiciones o circunstancias que formaron tu autoimagen pueden haber sido totalmente defectuosas o desproporcionadas, pero de acuerdo con tu forma de pensar, todas son ciertas. Una vez que tengas esto grabado en tu plano mental, apenas cuestionarás su solidez. En la mayoría de los casos, difícilmente recordarás conscientemente dónde o cómo obtuviste esta información. Simplemente vives como si fuera la verdad, incluso si no lo es.

El secreto de las edades

La gran mayoría se ha perdido el mensaje que todos los grandes maestros han tratado de transmitir desde el principio de los tiempos; El secreto de las edades. Esta es una verdad fascinante que de la cual la mayoría de la gente se dará cuenta. Cuando estés en el nivel del Ser, al que nos hemos referido como el ser superior, serás espiritualmente absoluto, completo y perfecto. Así como la gota de agua tiene todas las cualidades que encontrarás en el océano, también tienes las cualidades de tu creador dentro de ti.

Al igual que la filosofía, la ciencia y la religión nos enseñan que, en última instancia, hay UN PODER en el universo y que somos uno con esa Energía, Poder, Fuerza o con lo que sea que te sientas cómodo. Somos expresiones personalizadas de todo el poder de este universo. A esto puedes referirte como tu ser superior.

Nunca puedes destruir al ser superior que está dentro de ti. Puedes tratar de esconderte, negarlo, mentir sobre eso, pero en última instancia, no puedes cambiar el hecho de que eres quién eres. Lo que debes hacer conocer tu propia identidad y aprender cómo canalizarla a través de tus pensamientos.

Lo que haces y quién eres no es lo mismo

Debes entender la clara distinción entre lo que haces y quién eres. Lo que realmente eres es espiritualmente perfecto, pero lo que haces no siempre lo es. La brecha que existe entre estos dos surge como resultado de la ignorancia. Cuando no te das cuenta de que eres espiritualmente perfecto, se sigue que todas tus acciones no llegarán a ser perfectas.

Me gustaría que pruebes esto mientras lees. Cierra los ojos y di: "Soy muy consciente de que soy espiritualmente perfecto". Ahora escucha la pequeña voz en tu cabeza. Se contrapone a la tuya propia. Está diciendo: "Oh, no, yo no soy perfecto". Está claro que tu afirmación de perfección es una gran amenaza para tu ego, y responde instantáneamente diciendo: "¿Qué intentas al decir que eres perfecto? ¿En serio? Mírate más de cerca a ti mismo. ¿Cómo tratas a otras personas? ¿Te acuerdas de lo que hiciste ese día? ¿Cuándo dejas de quejarte? ¿Qué te parece cómo te relacionas con tus colegas en el trabajo, tus hermanos y tus padres o incluso tus amigos? ¿Qué tal la forma en que te tratas? ¿Cómo puedes siquiera pensar que eres espiritualmente perfecto después de todo esto?"

Tu ego te está jugando una mala pasada

En caso de que no te hayas dado cuenta, tu ego está tratando de hacerte evitar que mires más de cerca a tu ser interior. Quiere que te mires rápido y mal a ti mismo. Quiere que te relaciones con todas las cosas negativas, cosas que no eres. Quiere que te vincules con todas tus acciones pasadas y actuales para que puedas sentirte mal. Quiere que te culpes, te juzgues y te condenes por no estar a la altura de las expectativas e imágenes que tienes tuyas y los demás. *¡Abre bien los ojos y la mente!* Tu ego solo trata de engañarte. ¡Todas las cosas que estás pensando en este momento no son la verdad sobre ti!

La única forma de salir de esto es confirmar tu propia perfección. Este no es un viaje del ego para confirmar tu perfección, sino para determinarla. Recuerda, el primer y paso crucial que das para cambiar tu propia vida es reconocer tu propia perfección centrada en la verdad sobre ti mismo, y que eres absolito, completo y perfecto.

Neutralizando tu ego

La mejor manera de neutralizar tu ego es amarte a ti mismo incondicionalmente. Cuando te amas a ti mismo, no hinchas tu ego. En el sentido real, neutraliza tu ego ya que este no implica amarte a ti mismo.

Necesitas entender que la vida es conciencia. Esto significa que lo que supones que es verdad eventualmente sucederá. De lo que seas consciente; llegaras a experimentarlo. En esencia, experimenta en la vida aquello en lo que crees profunda y firmemente. Esta afirmación es importante. Si tu patrón de pensamiento dice: "Soy una mala persona, no puedo tener esto o aquello o no merezco tenerlo", siempre continuará creando condiciones que coinciden con esos pensamientos de falta, limitación y maldad.

Aquí está la frase clave: si no puedes aceptarte a ti mismo como merecedor y digno, entonces te resultará difícil aceptar a las personas que te rodean como dignas y merecedoras y, por lo tanto, terminarás juzgándolos.

La solución para esto es desarrollar amor incondicional hacia ti mismo y hacia otras personas que te rodean. Esta es la única forma en que puedes ser libre. Primero debes aceptarte totalmente antes de poder aceptar a los demás y, al mismo tiempo, saber que eres espiritualmente perfecto como el resto.

Eres responsable de tu propia creación

De una manera muy especial, eres responsable de tu propia creación, ya sea que lo sepas o no. Todos los gestos, rasgos de carácter, expresiones faciales, modo de caminar, ideas e incluso cómo piensasdebió de haber sido imitado o pedido prestado de alguien más. Esto podría haber sido un amigo, padre, maestro, amigo de la familia o incluso un personaje que te haya gustado en una película o libro.

Es posible que incluso hayas tomado actitudes prestadasde alguien que no te gusta, que siempre te hizo sentir incómodo o con miedo. Al imitar a una persona así, es posible que lo hayas hechopara sentir menos miedo o como una forma de intimidar a otras personas.

Nunca te rechaces a ti mismo

Es importante que mires la personalidad que ha creado. Quizás la única razón por la que evitas hacer esto es porque has estado imitando a otras personas. No es extraño quedar atrapado en esto. Puede ayudar el comprender que ninguna persona puede crear un yo desde cero. En un momento, todos tenemos que hacer esto y elegir entre lo que está disponible. Aunque hayas construido tu personalidad a partir de otra persona, eso no significa que seas un fraude. Cuando te consideres como tal, intenta pensar en las doce notas que se encuentran en la escala musical, pero a partir de ellas se crean miles y miles de combinaciones hermosas y únicas. Todo está determinado por cómo se ponen juntas.

Para alterar las experiencias que te causan mucho dolor y falta de armonía, es importante comenzar con una comprensión muy clara de que nunca ayudará cuando rechaces alguna parte de ti mismo. Llegas a odiarte porque creas una imagen de cómo crees que deberías estar actuando basado en el entorno de tus de pares, familia, religión, amigos y, lo que es más importante, la sociedad en la que vives. La parte triste es que no podrás estar a la altura de las expectativas, imágenes, modelos, conceptos o estándares de cómo se cree que deberías ser.

Tu libertad comienza con la autoaceptación

Has permitido que tu ego te engañe haciéndote creer que eres incompetente, inseguro, inadecuado, inútil, malvado, estúpido e indigno. Todo esto puede resumirse como baja y mala autoestima. Hasta que puedas tomar una decisión consciente para cambiar tu patrón de pensamiento, siempre tendrás la baja y mala autoestima. Lo primero imperativo que debes tener en tu vida es la autoaceptación o amarte como eres. Una vez que logres esto, comenzarás a amar a los demás.

Es probable que la mayoría de las personas te hayan pedido que te olvides de ti mismo y pongas a los demás en primer lugar. La verdad es que no funciona de esta manera. En primer lugar, debes aceptarte a ti mismo y a todas las faltas que te acompañan: todas las veces que parezcas un tonto, que hayas actuado como uno o de manera inapropiada y todos los llamados pecados. Debes estar en una posición de pie ante todos y no dar excusas sobre cómo has actuado. Cuando puedas hacer esto, estarás viviendo desde un punto de amor incondicional.

La forma en que te ves a ti mismo forma tu comportamiento, y este mismo es responsable de crear los resultados o el entorno. Cuando limites tu autoestima a lo que has logrado o cómo te comportas, estarás preparando una receta para la decepción. No importará lo duro que estés luchando, alguien pensará que no estás bien. Ganarse a todos será una tarea difícil para ti, otras veces incluso imposible. Tómate un minuto y reflexione sobre cuánto se basa tu vida en ganar la aprobación y entiende esta verdad importante; ¡Es difícil para ti obtener la aprobación que buscas tan desesperadamente! Complacer a todos es casi imposible, por lo que deberías en primer lugar aprender a apreciar quién eres y complacerte a ti mismo.

Fallar como individuo es difícil

Vale la pena repetir que lo que haces a veces no será perfecto, y que eres espiritualmente perfecto. Cualquier cosa que hagas puede fallar o tener éxito, pero puedes aislarte de los resultados recordando que ciertamente no eres un fracaso o un éxito basado en lo que haces o lo que posees. El fracaso en la vida no es una opción para ti como individuo. No ha sido creado de esta manera.

Cuando empiezas a odiarte a ti mismo por

todos los logros que has conseguido o no, u odias a las personas por lo quesi y no te han dado, estarássufriendo. Y esto es una forma de abatirte. Es una forma de estar enojado contigo mismo. Si realmente lo piensas, el sufrimiento, la ira y la falta de felicidad en tu vida se originan en la decepción de ti mismo por no haber logrado algunos de los objetivos que habías establecido, o aquellos que alguien más había establecido para ti.

Si has trabajado con personas de comportamientos autodestructivos, es posible que hayas notado que la causa principal es el odio a sí mismos. Este odio se deriva de este simple hecho: no estaban a la altura de las expectativas de los demás. Principalmente, nuestro juicio se basa en lo que no hemos alcanzado y logrado. Nos hacemos creer que somos una decepción y un fracaso, que nos hemos decepcionado a nosotros mismos ya los demás. Cuando nuestros amigos, empleadores, padres, religión o compañeros esperan cosas de nosotros y no podemos realizarlo nos sentimos como una decepción total. Esto es lo que llamamos auto juicio.

Cuando te juzgues a ti mismo, terminarás haciéndolo mal. En el momento en que estas en una situación donde no has logrado o hecho algo, o por una situación particular en la que terminaste decepcionando a alguien más, te sientes mal. Sin embargo, este tipo de juicio solo erosionará la poca autoestima que queda en ti. Sólo te destruye en lugar de hacerte algún bien.

Es cierto que todos y cada uno de nosotros tenemos algo en el pasado que desearíamos que nunca hubiera ocurrido o se haya hecho, pero de ser el caso, debemos dejar de pensar en esto y seguir adelante. Tenemos que aprender una o varias lecciones de estos momentos y enterrar la experiencia.

Libera a todos, incluyéndote a ti mismo
Intenta imaginar un pasado sin arrepentimientos. Imagina perdonar a todos los que te hayan lastimado en el

pasado, independientemente de lo que te hayan hecho. Con suerte, estás comenzando a ver hasta qué punto puedes perdonar, ya sea a alguien o a ti mismo y eso perpetúa la pobreza, la falta, la limitación, la infelicidad o la enfermedad en su vida.

La mayoría de nosotros nunca estamos dispuestos a perdonar a otros por los males que nos hicieron. Siempre tendremos afirmaciones como: "¿por qué debería perdonarlos por lo que hicieron?" Tu enemigo siempre será alguien que crees que puede hacerte daño o quitarte algo, pero la realidad es que nadie puede hacerte daño. La gente solo te hará daño a través de ti mismo. De hecho, no te lastimaran en absoluto. Les proporcionarás las pautas sobre cómo tratarte y cómo se implementarán al hacerlo.

Toma la decisión de renunciar a todo el resentimiento que tienes porque al final, será lo que te destruirá. "Sí", dirás, "Estoy de acuerdo contigo, pero no conoces mis circunstancias. Realmente me molestaron. Tal vez algún día renuncie a mi resentimiento, pero no ahora". Debes saber que tener esa mentalidad es más perjudicial para ti que para esta persona a la que está resentida.

En su lugar, podrías centrar tu atención en esta brillante idea: nunca serás rico si envidias a las personas ricas. Nunca tendrás éxito si odias a las personas exitosas. Ser feliz nunca será posible si odias a las personas que siempre son felices. Lo que sea que no te guste es una clara indicación de lo que te falta. Además, quien sea que no te guste, eres tú, ya que todos somos uno. En lugar de odiar a las personas que tienen lo que te falta, o puedes hacer algo que tú no puedes, tómate un tiempo y aprende de esta gente. Deja que te enseñen. Estar con aquellos que tienen experiencia de vida y saben cómo funciona. Reconócelos, admíralos y anímalos a tener lo que tienen. Y al hacer esto, también te estarás apoyando.

Tratar de complacer a otras personas es un callejón sin salida mental

Hace casi 700 años, un gran maestro maduro de honores y años yacía en su lecho de muerte. Sus discípulos y estudiantes le preguntaron si le daba miedo morir. "Sí, tengo miedo de conocer a mi creador", dijo. "Pero, ¿cómo es eso posible? Has sido un profesor muy bueno y has vivido una vida tan buena. ¡Nos has sacado del desierto tal como lo hizo Moisés con los israelitas y juzgado entre nosotros sabiamente como lo hizo Salomón! ", Dijo uno de sus alumnos. En voz baja, él respondió: "cuando finalmente me encuentre con mi Creador, no me cuestionará por ser como Salomón o Moisés, pero si he sido yo mismo". Esta historia simple muestra que a lo largo del tiempo, muchas personas han estado luchando ser ellos mismos La pregunta es: ¿por qué seguimos luchando? Esta lucha surge de nuestro deseo de complacer y satisfacer a los demás.

Al asumir nuestro propio destino, estamos obligados a hacer que algunas personas se enojen: su cónyuge, jefe, hijos o padres. Al principio, asumir nuestro propio destino puede ser un proceso solitario y aburrido y puede parecer que cada persona que conoces está en tu contra. Sin embargo, la única imagen con la que te animaría a vivir es la tuya. Aquellos que expresan sus opiniones para desaprobar o aprobar son irrelevantes.

Esta decisión de vivir tu vida debería depender de ti. Los resultados de las decisiones que decida tomar deben depender de usted. Tu inacción o acción es tu responsabilidad. De vez en cuando, las personas siempre tendrán sus creencias y valores que pueden entrar en conflicto con los suyos. Y al vivir en contra de sus creencias y valores, pueden asustarse porque, de esta manera, usted será una amenaza para su fundación.

¿Cómo te tratas?

Sólo una pregunta rápida, ¿confías en ti mismo? ¿Te gustas a ti mismo? ¿Alguna vez has pensado que eres una buena persona? ¿Con qué frecuencia cumples las promesas que te haces a ti mismo? ¿Tienes un amigo que te trata de la forma en la que te tratas a ti mismo, te habla de la misma forma o rompe las promesas que te hacen igual que tui lo has hecho? Seamos honestos, no querrías tener un amigo así, ¿verdad?

Es vital que mires cómo te tratastú mismo. En la mayoría de los casos, somos nuestro mayor enemigo. Tenemos demasiado miedo de encontrarnos o ver nuestro interior porque pensamos que no podemos estar satisfechos con lo que vemos.

Principalmente escucho a la gente decir: "Tengo curiosidad por explorar miinterior, pero tengo miedo de lo que voy a descubrir. Me asusta lo desconocido que encontraré a lo largo del viaje". Comprende que es completamente imposible que la verdad de quien eres sea causa del temor. A pesar de lo fea que pueda ser la verdad, es incapaz de asustarte o lastimarte porque el miedo viene como resultado de la resistencia a la verdad y de malinterpretarla.

Capítulo 3: Comenzando el viaje de autodescubrimiento - Los siete principios de Huna

En un intento por brindarte la información que te llevará a desarrollar una actitud positiva hacia la forma en que vives día a día, incluiremos esta sabiduría que se practica comúnmente en las islas hawaianas: conocimiento o sabiduría a la que se refieren como kahuna.

Kahuna se basa principalmente en la psicología humana y hace hincapié en la vida normal y básica en todos los aspectos de la vida. Será una hoja de ruta diaria que seguirás a lo largo de la vida. Los principios básicos del kahuna se pueden resumir en dos conceptos sin pretensiones:

- Sin dolor, sin pecado. El pecado se refiere a cualquier cosa que pudiera lastimarte a ti oa cualquier otra persona a tu alrededor.
- Debes servir para merecer. Esto implica que debes ayudar a otras personas para que puedas sentirte digno de bondad en ti mismo.

A los creyentes de kahuna se les enseña

que ser humano consiste es lo siguiente:

- El aumakua (superconsciente o yo superior)
- La mente que está formada por el ser consciente (uhane o el yo medio) y el subconsciente (unihipili o ser inferior).
- El cuerpo es la parte final.

En Hawái, consideran el concepto de deidad como un paso por encima de su ser superior y en realidad se cree que es parte de nuestra personalidad humana; que tenemos una conexión espiritual.

Los creyentes emplean el símbolo del triángulo para representar que una vez que tienen estos tres "arte del ser humano" trabajando juntos, están en perfecta comunicación. Todos estos seres deben funcionar como entidades separadas pero en sincronía para alcanzar nuestro potencial como seres espirituales y humanos.

1. Eke ': este mundo es como crees que es

Todo lo que se encuentra en nuestro

mundo y en nuestra realidad se origina dentro de nuestros pensamientos. Esto se comparte entre nuestra familia, compañeros de trabajo, amigos, cualquier otra persona y nosotros. Según la creencia de Huna, si vamos a cambiar nuestro mundo, tendremos que cambiar nuestra forma de pensar. Es un desperdicio de energía y tiempo intentar cambiar el mundo exterior por nosotros mismos.

Lo primero es cambiarnos si queremos cambiarlo demás. Comienza con nosotros. Tenemos que cambiar nuestra forma de pensar, comenzando desde la creencia en la falta hasta la creencia en la abundancia. En Hawai, este es *Eke trabajando desde dentro para formar el mundo exterior.* Todos los principios precedentes de Hauna se basan en este.

2. Kala: Todos estamos vinculados; no hay límites ni separación

Todo en este mundo está conectado.

Nuestros cuerpos y mentes lo están, al igual que la tierra con el hombre, los animales, el cielo, el océano y las plantas. Todos estamos vinculados y esta separación que percibimos es simplemente una ilusión. Solo se encuentra en nuestros pensamientos y nos hace creer que estamos separados del resto. Según la creencia Huna, esto se traduce en una enfermedad en nuestras vidas. Debajo de este sentido de desapego está la conexión que estamos buscando. Una vez que te deshagas de estos pensamientos de separación, volverás a conectarte, volverás a ser uno y sanaran tus heridas. En las islas, usan la expresión "aflojarse" para significar que te tensas, creas tensión y, en consecuencia, creas el desapego o la separación. Una vez que "te quedas suelto", te relajas, te sientes mejor, tu relación mejora y, finalmente, sigues la corriente. Kala no quiere decir que tengas que aceptar todo como es; solo que una vez que te relajes con ellos, te será fácil cambiarlos.

3. Makea: La energía sigue a la atención.

Los eventos solo se crean donde hay atención y la energía se disipa. Enfocar su atención en una idea u objeto en particular hará que la energía fluya hacia ese lado. Independientemente de los pensamientos que tengas, sentirás el flujo a cambio. Al poner energía positiva ahí afuera, experimentarás energía positiva que fluye de regreso a ti. Del mismo modo, si tienes energía negativa en el universo, también volverá a ti. Podemos desarrollar talentos o habilidades que a cambio traerá energía positiva a nuestras vidas. Esto se logra centrándose en la alegría y la felicidad en lugar de miedo o enojo.

4. Manoua: Este es el tiempo del poder.

El propósito de Manoua es educarte sobre cómo permanecer en el momento. El poder no existe en el futuro o en el pasado. Solo se encuentra en este momento, en este minuto. El pasado no tiene poder contra ti, y, por lo tanto, debes aprender a dejar de lado cualquier carga del pasado. Cualquier pensamiento que crees que puedas o debes traer al presente debe dejarse de lado. Si posees belleza en tu vida, crearás belleza. Y tienes que esforzarte por aumentar esta belleza al apreciarla. Una vez que dejas de apreciar la belleza, pierdes el sentido y, finalmente, desaparece de tu vida. Al apreciar lo que sea que te rodea, lo aumentas. Cuanto más te gusta, más se fortalece.

De la creencia Huna, no existe ningún futuro que te espere para que pueda recibirte. Solo podrás crear este futuro eliminando el pasado.

5. Aloha: Amor que es puro y simple.

La raíz de esta palabra significa "ser feliz con". Esto significa que amar es estar contento con alguien o algo. El grado en que serás feliz dictará el grado en que estés enamorado. Esta expresión de estar

113

enamorado es imprescindible. Cuando dejas que la crítica, la ira o la infelicidad en tu vida, el amor en ti disminuye y el resultado sea dolor. Esto contradice los principios del amor que significan saborear la alegría, la felicidad y el placer de estar en una relación.

9 781989 808689